The Wheels
The Friendship Race

הַגַּלְגַּלִּים
מֵרוֹץ הַחֲבֵרוּת

Inna Nusinsky
Illustrations by Michael Jay Roque

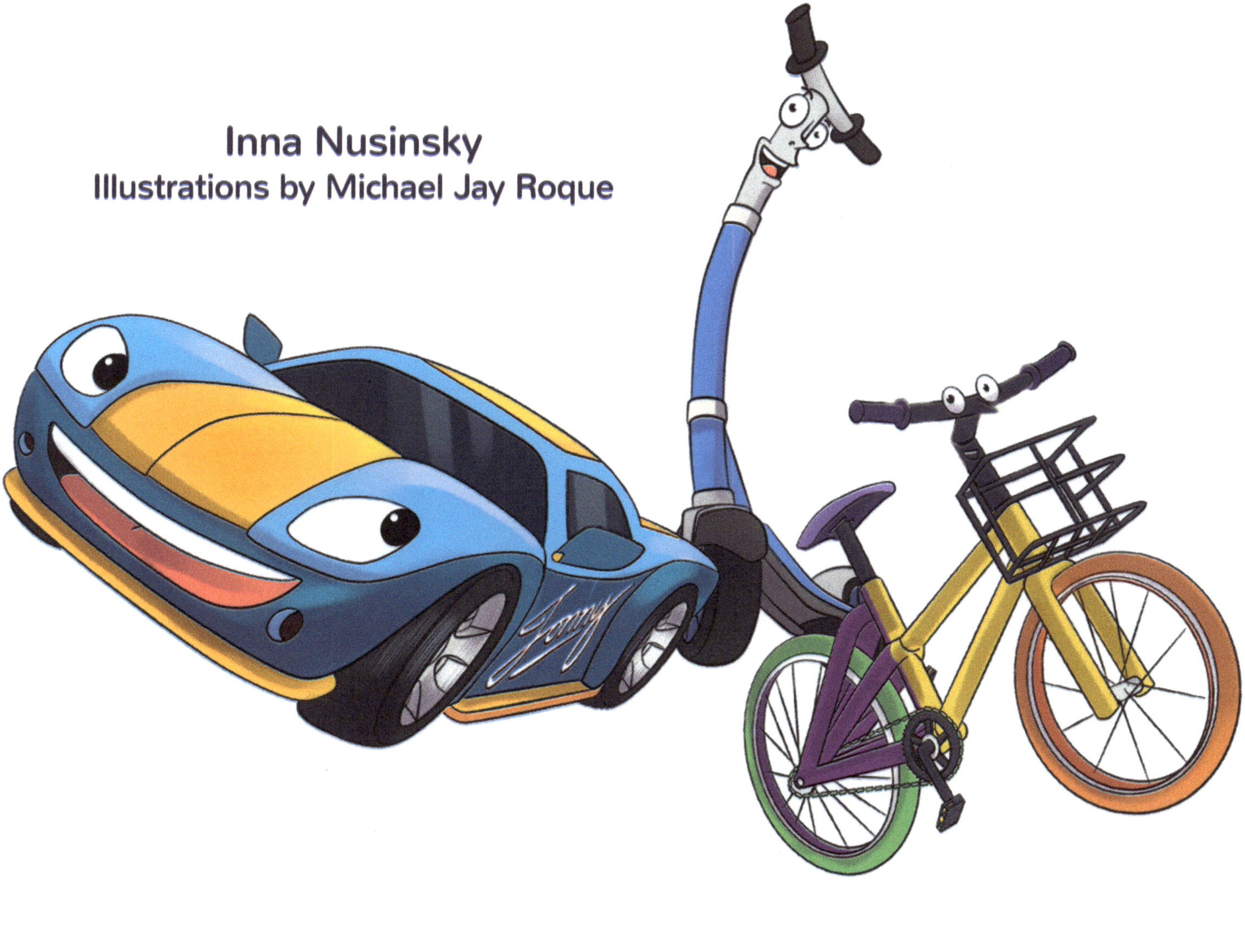

www.kidkiddos.com

Copyright©2015 by S. A. Publishing ©2017 by KidKiddos Books Ltd.

support@kidkiddos.com

All rights reserved. No part of this book may be reproduced in any form or by any electronic or mechanical means, including information storage and retrieval systems, without written permission from the publisher or author, except in the case of a reviewer, who may quote brief passages embodied in critical articles or in a review.
Second edition

Translated from English by Kineret Guetta
תֻּרְגַּם מֵאַנְגְּלִית עַל יְדֵי כִּנֶּרֶת גּוּאֵטָה
Hebrew editing by Jack Cohen

Library and Archives Canada Cataloguing in Publication Data
The Wheels: The Friendship race (Hebrew Bilingual Edition)
ISBN: 978-1-5259-3463-6 paperback
ISBN: 978-1-5259-3464-3 hardcover
ISBN: 978-1-5259-0918-4 eBook

Please note that the Hebrew and English versions of the story have been written to be as close as possible. However, in some cases they differ in order to accommodate nuances and fluidity of each language.

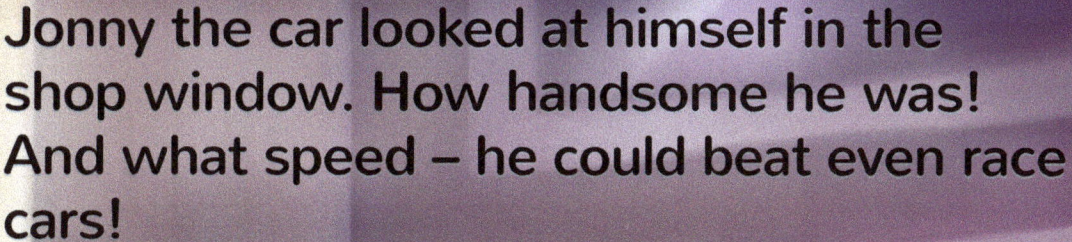

Jonny the car looked at himself in the shop window. How handsome he was! And what speed – he could beat even race cars!

ג'וֹנִי הַמְּכוֹנִית הִסְתַּכֵּל עַל עַצְמוֹ בְּחַלּוֹן שֶׁל הַחֲנוּת. כַּמָּה נָאֶה הוּא! וְאֵיזוֹ מְהִירוּת-הוּא אֲפִילוּ יָכוֹל לְהָבִיס מְכוֹנִיּוֹת מֵרוֹץ!

"I'm the pride of the neighborhood," he yelled.

"אֲנִי גַּאֲוָתָהּ שֶׁל הַשְּׁכוּנָה," הוּא צָעַק.

Just then, two braking sounds broke his daydream.

בְּאוֹתוֹ הָרֶגַע, שְׁנֵי צְלִילֵי בְּלָמִים עָצְרוּ אֶת חֲלוֹמוֹ בְּהַקִּיץ.

There were his friends: Mike the bike and Scott the scooter.

אֵלֶּה הָיוּ חֲבֵרָיו: מַייק הָאוֹפַנַּיִם וְסקוֹט הַקּוֹרְקִינֶט.

"Hey Jonny!" his friends said. "What's up?"

"הֵיי ג'וֹנִי!" אָמְרוּ חֲבֵרָיו. "מָה קוֹרֶה?"

“Feeling like a little race today,” said Jonny, puffing his tires. “But there’s no one I can race with.”

"בָּא לִי לְהִתְחָרוֹת הַיּוֹם," אָמַר ג'וֹנִי, מְנַפֵּחַ אֶת צְמִיגָיו. "אַךְ אֵין לִי עִם מִי לְהִתְחָרוֹת."

"We can race with you!" said Mike with excitement.
"אֲנַחְנוּ יְכוֹלִים לְהִתְחָרוֹת בְּךָ!" אָמַר מַייק בְּהִתְרַגְּשׁוּת.

"That's what friends are for!" added Scott.
"בִּשְׁבִיל זֶה יֵשׁ חֲבֵרִים!" הוֹסִיף סקוֹט.

Jonny didn't show much enthusiasm. "Mmm... A champion needs an equal to compete with."
ג'וֹנִי לֹא הֶרְאָה הִתְלַהֲבוּת רַבָּה. "אֶממ... אַלּוּף צָרִיךְ לְהִתְחָרוֹת עִם מִי שֶׁשָּׁוֶוה לוֹ."

Mike and Scott looked at each other.

מַייק וְסקוֹט הִבִּיטוּ זֶה בְּזֶה.

"Are we not good?" asked Mike.

"הַאִם אֲנַחְנוּ לֹא טוֹבִים?" שָׁאַל מַייק.

"Oh, you're good," Jonny made a face in the glass window. "But not good enough."

"הוֹ, אַתֶּם טוֹבִים," ג'וֹנִי עָשָׂה פַּרְצוּף בַּחַלּוֹן הַזְּכוּכִית.
"אַךְ לֹא טוֹבִים מַסְפִּיק."

"Okay, Jonny," said Scott. "We challenge you to a race right now! Let's do Hill Road and see who finishes first."

"טוֹב, ג'וֹנִי," אָמַר סקוֹט. "אֲנַחְנוּ
מְאַתְגְּרִים אוֹתְךָ לְמֵרוֹץ בְּזֶה
הָרֶגַע! בֹּא נַעֲשֶׂה אֶת דֶּרֶךְ
הַגִּבְעָה וְנִרְאֶה מִי יְסַיֵּם רִאשׁוֹן."

Jonny considered it with a smirk.

ג'וֹנִי חָשַׁב עַל זֶה בְּגִיחוּךְ.

As they reached Hill Road, the race began.

כְּשֶׁהִגִּיעוּ לְדֶרֶךְ הַגִּבְעָה, הַמֵּרוֹץ הֵחֵל.

It started with a steep climb. Jonny roared and in seconds was over the incline.

הוּא הִתְחִיל בְּטִיפּוּס תָּלוּל. ג'וֹנִי שָׁאַג וְתוֹךְ שְׁנִיּוֹת עָבַר אֶת הָעֲלִיָּה.

Mike the bike was already half way... But poor Scott the scooter was huffing and puffing, slowly climbing up.

מַייק הָאוֹפַנַּיִם כְּבָר הָיָה בַּחֲצִי הַדֶּרֶךְ... אַךְ סקוֹט הַקּוֹרְקִינֶט הַמִּסְכֵּן הִתְנַשֵּׁם וְהִתְנַשֵּׁף, מְטַפֵּס מַעְלָה בְּאִטִּיּוּת.

Jonny

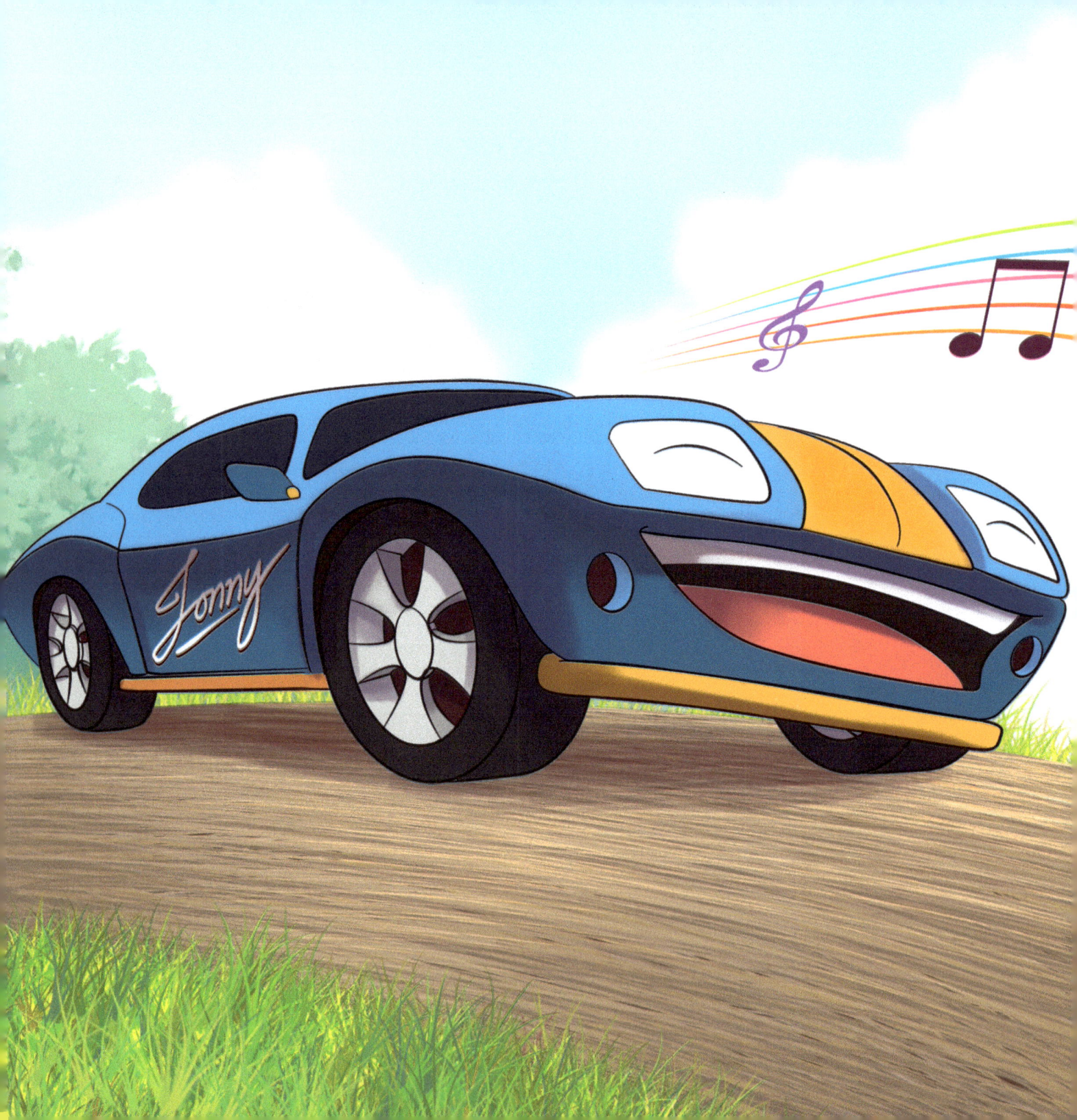

Jonny reached the hill and stopped. He looked at the rearview mirror – his friends were far behind.

ג'וֹנִי הִגִּיעַ לְרֹאשׁ הַגִּבְעָה וְעָצַר. הוּא הִבִּיט בַּמַּרְאָה הָאֲחוֹרִית-חֲבֵרָיו
הָיוּ הַרְחֵק מֵאָחוֹר.

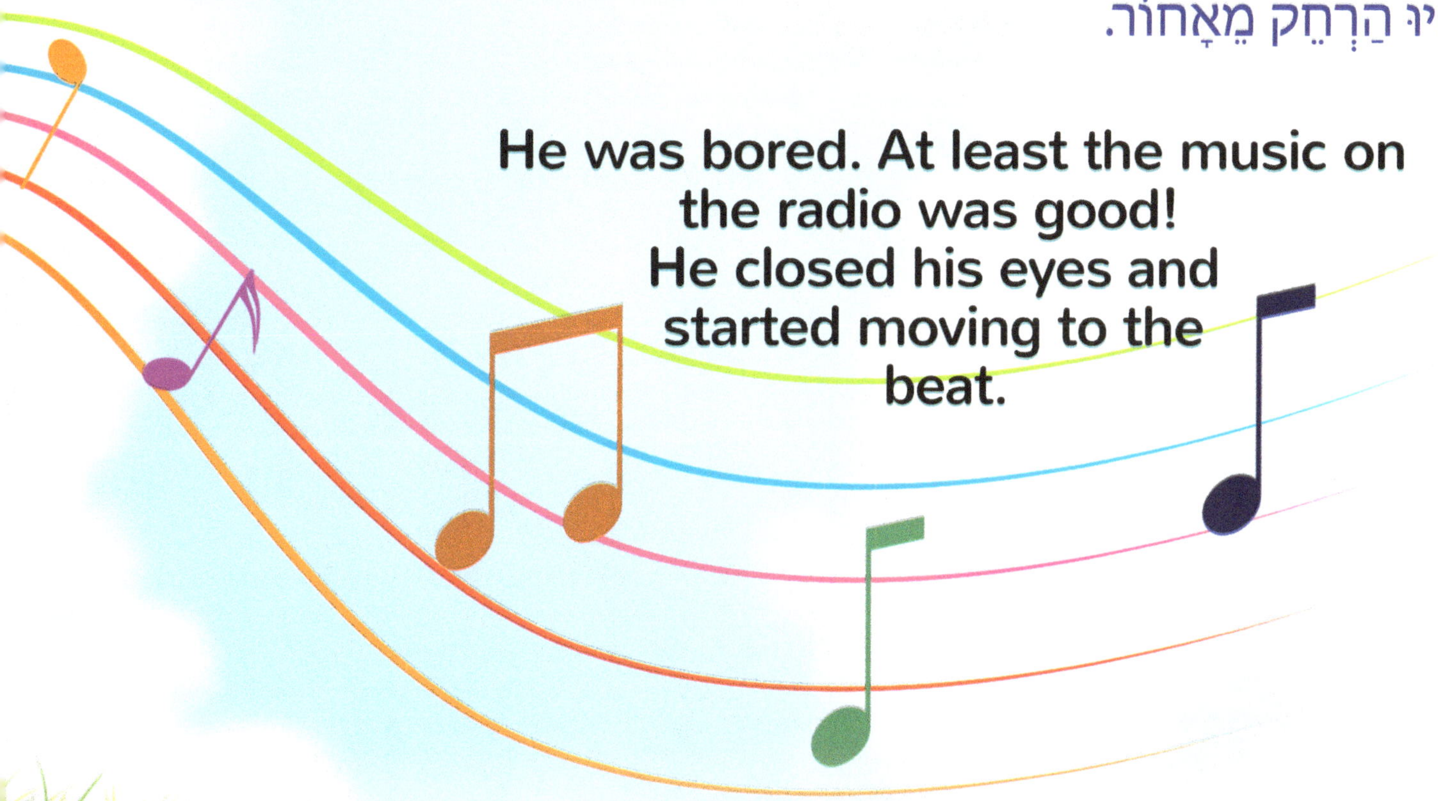

He was bored. At least the music on the radio was good! He closed his eyes and started moving to the beat.

הוּא הָיָה מְשֻׁעְמָם. לְפָחוֹת הַמּוּסִיקָה בָּרַדְיוֹ הָיְתָה טוֹבָה! הוּא עָצַם
אֶת עֵינָיו וְהֵחֵל לָנוּעַ לְפִי הַקֶּצֶב.

Suddenly, something whirred past him. There was only smoke. Mike?

לְפֶתַע, מַשֶּׁהוּ זִמְזֵם כְּשֶׁחָלַף עַל פָּנָיו. רַק עָשָׁן נוֹתַר. מַייק?

Before he could say a word something else went by. Jonny looked through the disappearing smoke—that was Scott!

לִפְנֵי שֶׁהִצְלִיחַ לוֹמַר מִלָּה, מַשֶּׁהוּ אַחֵר חָלַף. ג'וֹנִי הִבִּיט מִבַּעַד לֶעָשָׁן הַנֶּעֱלָם - הָיָה זֶה סקוֹט שֶׁדָּהַר לְפָנִים!

No way! Now he panicked. He should win!

אֵין סִיכּוּי! כָּעֵת הוּא נִבְהַל. הוּא צָרִיךְ לְנַצֵּחַ!

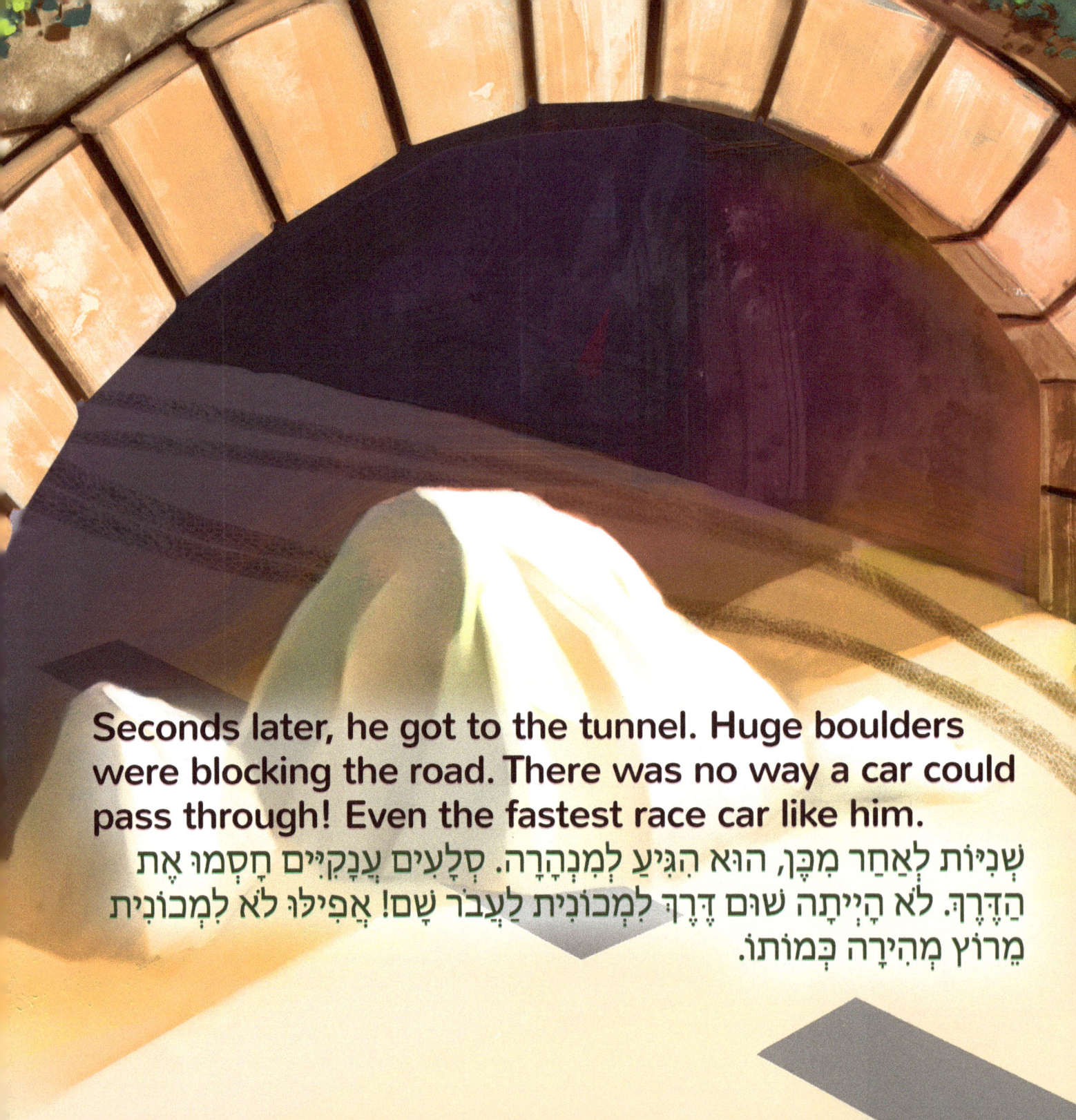

Seconds later, he got to the tunnel. Huge boulders were blocking the road. There was no way a car could pass through! Even the fastest race car like him.

שְׁנִיּוֹת לְאַחַר מִכֵּן, הוּא הִגִּיעַ לַמִּנְהָרָה. סְלָעִים עֲנָקִיִּים חָסְמוּ אֶת הַדֶּרֶךְ. לֹא הָיְתָה שׁוּם דֶּרֶךְ לִמְכוֹנִית לַעֲבֹר שָׁם! אֲפִילוּ לֹא לִמְכוֹנִית מֵרוֹץ מְהִירָה כְּמוֹתוֹ.

But then, he saw the tire marks of both Mike and Scott. They had negotiated their way around the stone boulders! Jonny sighed.

וְאָז הוּא רָאָה אֶת סִימָנֵי הַצְּמִיגִים שֶׁל מַייק וְסקוֹט. הֵם תִּמְרְנוּ אֶת דַּרְכָּם מִסָּבִיב לַסְּלָעִים! ג'וֹנִי נֶאֱנָח.

Meanwhile, Mike came out on the other side of the tunnel. He was leading.

בֵּינְתַיִם, מַייק יָצָא מֵהַצַּד הַשֵּׁנִי שֶׁל הַמִּנְהָרָה. הוּא הוֹבִיל.

What kind of a win is that when your friends lose? he thought.

אֵיזֶה מִן נִצָּחוֹן זֶה כְּשֶׁחֲבֵרֶיךָ מַפְסִידִים? הוּא חָשַׁב.

In seconds, Scott was next to him.

תּוֹךְ שְׁנִיּוֹת, סקוֹט הָיָה לְצִדּוֹ.

"Why did you stop, Mike?" he asked. "You could've won the race!"

"מַייק, מַדּוּעַ עָצַרְתָּ?" הוּא שָׁאַל. "יָכֹלְתָּ לְנַצֵּחַ בַּמֵּרוֹץ!"

"Yeah but...Jonny could be stuck back there..." said Mike, looking towards the tunnel.

"כֵּן אֲבָל... יָכוֹל לִהְיוֹת שֶׁגּ'וֹנִי תָּקוּעַ שָׁם..." אָמַר מַייק, מַבִּיט אֶל הַמִּנְהָרָה.

A moment of silence passed by.

רֶגַע שֶׁל דְּמָמָה חָלַף.

“Shall we go to check up him?” Scott asked.

"שֶׁנֵּלֵךְ לִבְדֹּק מָה אִתּוֹ?" שָׁאַל סקוֹט.

A smile formed on Mike’s face. “Let’s go!” he yelled and turned back.

חִיּוּךְ נוֹצָר עַל פָּנָיו שֶׁל מַייק. "בֹּא נֵלֵךְ!" הוּא צָעַק וְהִסְתּוֹבֵב חֲזָרָה.

At the blocked tunnel, Jonny was sad. Not because he was losing the race but because he was lonely.

בַּמִּנְהָרָה הֶחָסוּמָה, ג'וֹנִי הָיָה עָצוּב. לֹא בִּגְלַל שֶׁהוּא מַפְסִיד
בַּמֵּרוֹץ אֶלָּא בִּגְלַל שֶׁהוּא הָיָה בּוֹדֵד.

Suddenly—sound of wheels. Those were Scott and Mike!

לְפֶתַע - צְלִיל שֶׁל גַּלְגַּלִּים. אֵלּוּ הָיוּ סקוֹט וּמַייק!

"Mike, Let's move these boulders so Jonny can pass," said Scott.

"מַייק, בֹּא נָזִיז אֶת הַסְּלָעִים הָאֵלּוּ כְּדֵי שֶׁג'וֹנִי יוּכַל לַעֲבֹר," אָמַר סקוֹט.

The friends started to work together, pushing the rocks out of the way.

הַחֲבֵרִים הֵחֵלּוּ לַעֲבֹד יַחַד, דּוֹחֲפִים אֶת הַסְּלָעִים מֵהַדֶּרֶךְ.

Jonny

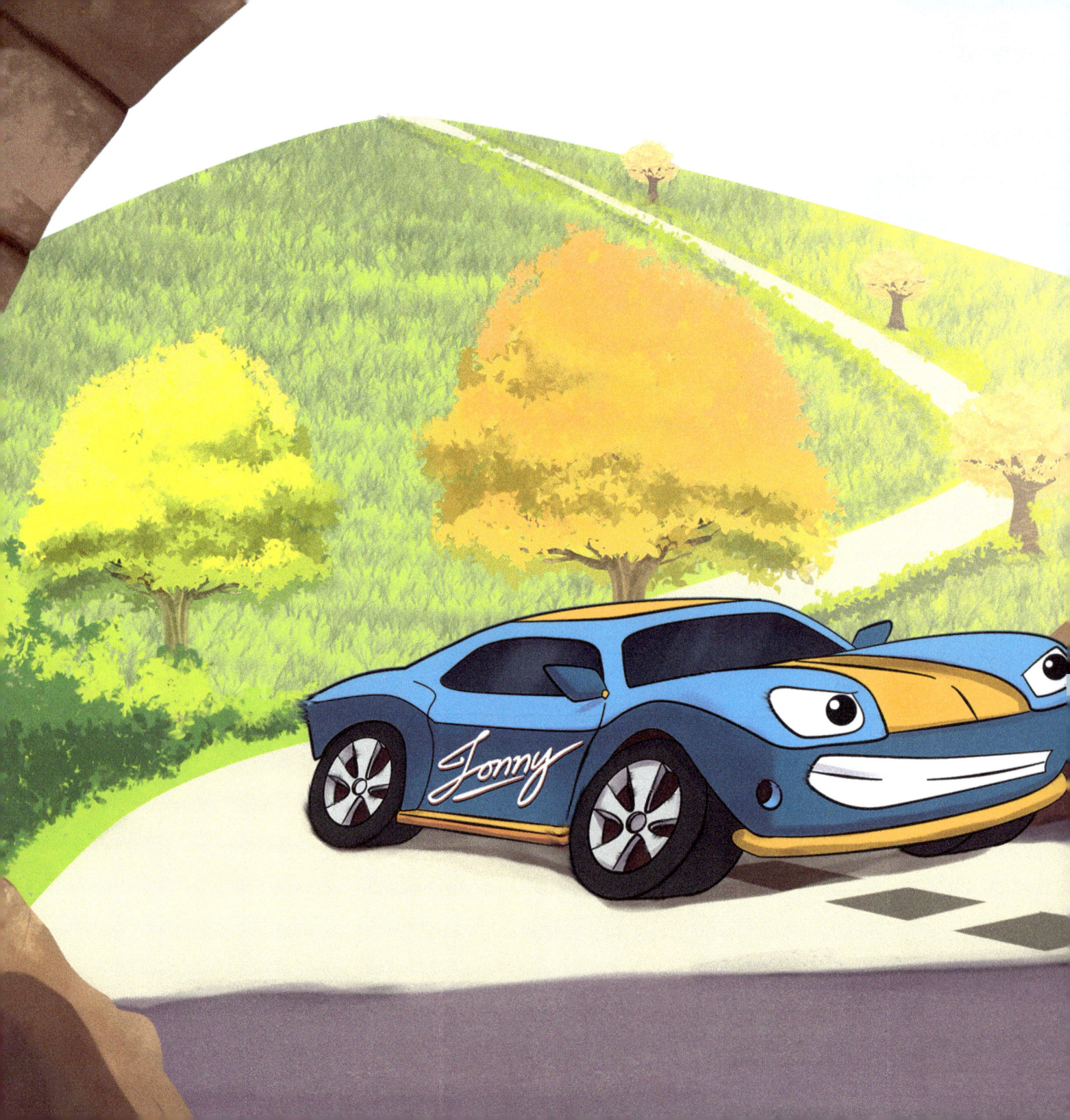

It wasn't easy, but they nudged and nudged and soon there was enough space for Jonny to squeeze through.

זֶה לֹא הָיָה קַל, אַךְ הֵם דָּחֲפוּ וְדָחֲפוּ וּמַהֵר מְאוֹד הָיָה מַסְפִּיק חָלָל דַּרְכּוֹ יוּכַל ג'וֹנִי לְהִידָּחֵף.

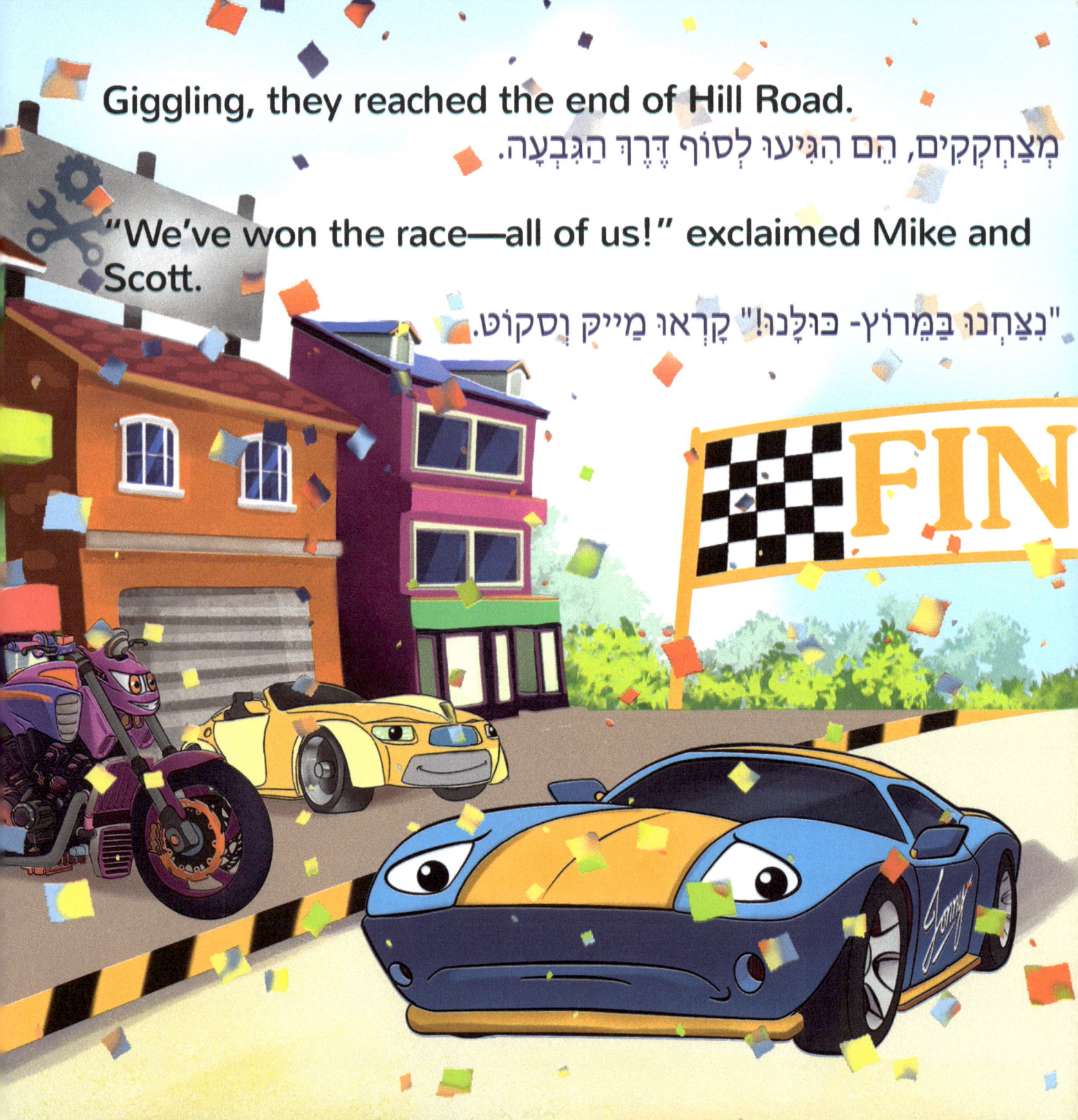

Giggling, they reached the end of Hill Road.

מְצַחְקְקִים, הֵם הִגִּיעוּ לְסוֹף דֶּרֶךְ הַגִּבְעָה.

"We've won the race—all of us!" exclaimed Mike and Scott.

"נִצַּחְנוּ בַּמֵּרוֹץ- כּוּלָּנוּ!" קָרְאוּ מַייק וְסקוֹט.

Only Jonny was quiet. "I behaved badly with you," he admitted. "I realized it late, guys that together we can do much more. Thank you, my friends, for helping me understand that!"

רַק ג'וֹנִי הָיָה שָׁקֵט. "הִתְנַהַגְתִּי רַע אֲלֵיכֶם," הוּא הוֹדָה. "הֵבַנְתִּי אֶת זֶה מְאֻחָר, חֲבֵרִים, שֶׁיַּחַד אֲנַחְנוּ יְכוֹלִים לַעֲשׂוֹת הַרְבֵּה יוֹתֵר. תּוֹדָה, חֲבֵרִים שֶׁלִּי, שֶׁעֲזַרְתֶּם לִי לְהָבִין אֶת זֶה!"

Suddenly, there was applause, cheering for this wonderful bunch of three terrific friends...

לְפֶתַע, הָיוּ מְחִיאוֹת כַּפַּיִם, תְּשׁוּאוֹת לַחֲבוּרָה הַמּוּפְלָאָה הַזּוּ שֶׁל שְׁלוֹשָׁה חֲבֵרִים נֶהְדָּרִים...

Friends who discovered that none of them was as good as all of them.

חֲבֵרִים שֶׁגִּלּוּ שֶׁאַף אֶחָד מֵהֶם לֹא טוֹב כְּמוֹ כּוּלָּם יַחַד.

www.ingramcontent.com/pod-product-compliance
Lightning Source LLC
Chambersburg PA
CBHW061145070526
44584CB00033B/4429
* 9 7 8 1 5 2 5 9 3 4 6 3 6 *